AF219142

Göteborg

lieben lernen

*Der perfekte Reiseführer für einen unvergessli-
chen Aufenthalt in Göteborg inkl. Insider-Tipps
und Packliste*

Katharina Schweitzer

Alle Ratschläge in diesem Buch wurden sorgfältig erwogen und geprüft. Eine Garantie kann dennoch nicht übernommen werden. Eine Haftung für jegliche Personen-, Sach- und Vermögensschäden ist daher ausgeschlossen. Die Benutzung dieses Buches und die Umsetzung der darin enthaltenen Informationen erfolgt ausdrücklich auf eigenes Risiko.

✈ INHALT

Das erwartet Sie in diesem Buch

Haben Sie genug gesehen von Mittelmeer-Hotels, überfüllten Stränden und krebsroten Sonnenbränden und stattdessen Lust, Ihren Urlaub einmal im Norden zu verbringen? Möchten Sie in eine skandinavische Kultur eintauchen, eine vielfältige und weltoffene Großstadt besuchen, aber trotzdem nicht auf Ruhe, Natur und Idylle verzichten? Hat Ihnen schon einmal jemand begeistert von der atemberaubenden Schönheit der skandinavischen Natur erzählt und damit Ihre Neugierde geweckt? Dann wird Sie ein Trip in die schwedische Hafenstadt Göteborg ganz bestimmt nicht enttäuschen. In diesem Erzähl-Reiseführer lade ich Sie ein, mit mir einzutauchen in das Leben, wie es sich in der zweitgrößten Stadt Schwedens abspielt. Entdecken Sie mit mir Göteborgs zahlreiche Attraktionen, idyllische Plätze, beliebte Restaurants sowie Naturschönheiten und nehmen Sie eine Kostprobe der schwedischen Lebensweise und Kultur, die der Deutschen nicht sehr fremd, aber dennoch auf ihre Weise einzigartig ist. Lesen Sie außerdem, wie Sie auch mit kleinem Geldbeutel die Vielfalt der schwedischen Metropole erleben und ihren Trip in den Norden zu einem unvergesslichen Erlebnis machen können.

In diesem Buch wartet ein Vorgeschmack dessen auf Sie, was die schwedische Hafenstadt alles zu bieten hat – ob Sie Naturliebhaber sind und gerne Ruhe und frische Luft tanken wollen, ob Sie sich für Museen interessieren, für Musik, Mode oder für die kulinarische Seite einer fremden Stadt - in Göteborg ist garantiert für jeden etwas dabei und dieses Buch verrät Ihnen, auf was Sie sich freuen können!

Göteborg – Stadt am Wasser

Wer das erste Mal nach Göteborg reist, dem wird schon nach wenigen Stunden vor allem eines auffallen – das Wasser ist in dieser Stadt allgegenwärtig. Der Fluss Göta älv verläuft von der Küste des Kattegats kommend einmal quer durch die Stadt und teilt dabei die südlichen Stadtteile Göteborgs vom nördlichen Hisingen – der fünftgrößten Insel Skandinaviens. Auch die Innenstadt ist durchzogen von den Armen der vielen Kanäle, die hier hindurchfließen und die

Atmosphäre in den Straßen prägen. Früher dienten die Kanäle vor allem der Entwässerung der Stadt und dem Schutz vor Angriffen, heute trägt die Präsenz des Wassers besonders zur Schönheit und Beliebtheit Göteborgs bei.

Göteborg war früher eine der wichtigsten Seefahrtstädte Europas, welche durch den Seehandel besonders im 18. Jahrhundert wirtschaftlich florierte. Auch Schiffe wurden in Göteborg gebaut, die Werften sind heute zwar stillgelegt, aber erhalten geblieben und gehören unabdingbar zu dem besonderen Charakter der Stadt. Wer mit dem Schiff nach Göteborg einreist, dem begegnet auf der Fahrt der spektakuläre Anblick der vielen Krane und Schiffswerften und auch von den beiden Brücken Älvsborgsbron und Götaälvbron aus, welche die Göta älv überqueren, prägt die Hafenindustrie die Aussicht auf Göteborg.

DIE VIELFALT DER HAFENSTADT

Würde man versuchen, den Charakter und das Lebensgefühl in Göteborg in einem Satz treffend einzufangen, so könnte man der Stadt wohl kaum gerecht werden. Göteborg ist vor allem vielfältig, nicht nur durch seinen internationalen Charakter und den Hafen als Tor zur Welt, sondern auch durch die vielen unterschiedlichen Lebensstile, durch die Stimmungen in den verschiedenen Stadtvierteln und durch Typen an Menschen und Mentalitäten, die man hier vorfinden kann.

Der Industriecharakter ist Göteborg auf jeden Fall geblieben – wo es vorher die Werftindustrie war, sorgen heute vor allem die Hauptsitze von Milliarden-Unternehmen wie des Fahrzeugherstellers Volvo oder der Kugellagerfabrik SKF für die Wirtschaftskraft der Stadt. Abgesehen davon ist Göteborg vor allem Universitätsstadt – hier befindet sich nicht nur die Universität Göteborg, zu der rund 47.000 Studenten zählen, sondern auch die hoch angesehene technische Hochschule Chalmers. Gerade für internationale Studenten ist die Stadt sehr beliebt – nicht nur des guten Rufes wegen, den schwedische Hochschulen genießen, sondern auch, da die Kurse für EU-Bürger komplett gebührenfrei sind und die meisten Master-Studiengänge auf Englisch gehalten werden. Weiter ist Göteborg nicht nur seiner Schönheit und der zahlreichen Sehenswürdigkeiten wegen zu jeder Jahreszeit ein Magnet für Touristen aus allen Ecken der Welt, sondern auch durch die sehr gute Infrastruktur sowie die Tatsache, dass man in Schweden auch mit Englisch überall bestens verstanden wird.

Göteborg für Stadt-Begeisterte

In einer multikulturellen, weltbekannten Groß-stadt wie Göteborg kommen Städte-Fans natür-lich in jedem Fall auf ihre Kosten. Die 700.000 Einwohner zählende Metropole bietet so ziemlich al-les, was man sich von einem Städte-Trip wünschen könnte. Restaurants aller Preisklassen und für jeden Geschmack, Museen, Theater, Konzerte, Einkaufs-meilen und vielerlei Möglichkeiten zum Ausgehen. Lesen Sie in diesem Kapitel, wie Sie in der Stadt am besten herumkommen, was Sie unbedingt gesehen haben müssen, wo Sie gut einkaufen, bei einem Kaffee eine Pause einlegen oder in den beliebtesten Bars und Clubs der Stadt die Nacht zum Tag machen können.

HERUMKOMMEN IN GÖTEBORG

Mit dem *Spårvagnen,* der Straßenbahn, kommt man in Göteborg an so ziemlich alle Ziele, die innerhalb der Stadt und der umliegenden Randgebiete liegen. Ergänzend dazu gibt es ein ebenso gut ausgebautes Busliniennetz sowie die Fähren, die auf der Göta Älv verkehren und auf die Schären fahren. Alle drei Transportmittel werden vom *västtrafik* betrieben und somit fährt man jeweils mit dem gleichen Ticket. Innerhalb der Zone von Göteborg bezahlt man für eine Einzelfahrt 26 Kronen (etwa 2,50 Euro). Aufladbare Karten bekommt man am Schalter des *västtrafik* im Nils Ericson Terminalen, der zentralen Busstation neben dem Hauptbahnhof, und ebenso in allen Kiosken der *Pressbyrån* und des *7Eleven,* die man an jeder zweiten Straßenecke finden kann. Hier kann man sich entweder eine Aufladung kaufen und dann jede Fahrt einzeln entwerten oder man kauft eine

Tages- oder Dreitageskarte, die sich auf jeden Fall lohnen, wenn man viel herumkommen möchte. Einzelfahrkarten können auch direkt in der Straßenbahn oder auf dem Schiff gekauft werden, jedoch nicht in den Bussen!

DIE VIELEN GESICHTER VON GÖTEBORG – INSPIRATION FÜR EINEN STADT-RUNDGANG

Begibt man sich auf einen längeren Spaziergang durch Göteborg, so wandelt man durch so unterschiedliche Gegenden, dass man meinen könnte, man hätte längst die Stadt gewechselt. Die einzelnen Viertel und Bezirke der Hafenmetropole könnten unterschiedlicher kaum sein. Doch Göteborg ist das alles – Business-Stadt, wie es sich in Lindholmen zeigt, Hipsterquartier wie in Majorna oder Linné, Reichen-Gegend wie rund um Torslanda, Industriebezirk wie bei Frihamnen und Touristenmeile wie in den Straßen des Zentrums. Wer all diese Eindrücke erleben und in sich aufnehmen möchte, kauft sich am besten ein Tages- oder Dreitagesticket und nimmt sich die Zeit, mit dem *Spårvagn* in das kunterbunte Geschehen an den verschiedensten Ecken der Stadt einzutauchen. Beginnen kann man beispielsweise in Majorna, im Westen der Stadt. Das charmante Viertel liegt relativ nah am Stadtkern, obgleich es eine besondere Art von Dorfatmosphäre besitzt. Majorna, das direkt an den Slottskogen grenzt, ist eine sehr beliebte Wohngegend und definitiv einen Besuch wert zum Schlendern oder Stöbern in seinen individuellen Boutiquen.

Vor allem junge Familien und Studenten wohnen hier, von denen viele etwas von der Hipster-Szene ausstrahlen. Regelmäßig werden Krämermärkte, Kleinkunstausstellungen oder improvisierte Veranstaltungen organisiert, die die Leute zusammenbringen und so etwas wie ein kollektives Lebensgefühl in Majorna schaffen. Majorna liegt außerdem in unmittelbarer Nähe zur Göta Älv; an diesem Abschnitt des Flusses lohnt sich unbedingt ein Spaziergang an der Uferpromenade! Von der Haltestelle Vagnhallen Majorna (Tramlinie 3) geht man auf der anderen Straßenseite durch die Unterführung und folgt den Wegen bis zum Wasser. Auf der linken Seite hebt sich die mächtige Älvsborgsbron über den Häuserdächern empor und überquert den Fluss bis zur anderen Seite. Die Uferpromenade führt unter der Brücke am Wasser entlang hindurch, sodass man das gigantische Bauwerk von unten auf sich wirken lassen kann. Außerdem liegt hier die Röda Konsthall, eine Kunsthalle, in der regelmäßig kleinere Märkte oder Ausstellungen stattfinden. Vom Ufer aus in Richtung Westen blickend zeichnen sich in der Ferne die Arme der Werftkrane ab und in den Abendstunden kann man hier oft einen Sonnenuntergang der besonderen Atmosphäre erleben.

Majorna in gewisser Weise ähnlich, aber noch etwas touristischer und beliebter zum Flanieren und Kaffee trinken, ist das Viertel Linné, das auf der anderen Seite des Slottskogen liegt. Hier findet man außerdem beliebte Restaurants der mittleren Preisklasse. Von Linné aus kann man entweder zu Fuß oder mit der Tram der Linnégatan bis zum Järntorget folgen, an den sich das urige Altstadtviertel Haga anschließt. Früher war Haga ein Vorort Göteborgs und als Arbeiterviertel zum Wohnen eher günstig und nicht unbedingt beliebt. Heute zählt Haga mit seinen hübschen urigen Holzhäusern im Stil des 19. Jahrhunderts, mit seinen gemütlichen Cafés und individuellen Boutiquen zu den teuren Wohnvierteln

Göteborgs und ist ein sehr beliebtes Ziel zum Bummeln. Von hier aus gelangen Sie außerdem über eine nie enden wollende Zahl von Stufen den Berg hinauf zur Skansen Kronan, einer früheren Festung, von wo aus Sie einen herrlichen Blick über ganz Göteborg genießen.

Von Haga aus kann man weiter das Zentrum erkunden, am besten man nimmt sich hierfür 1-2 Stunden Zeit, um das Herz der Stadt, wo sich Göteborg von seinen schönsten vielfältigen Seiten zeigt, zu Fuß zu erkunden. Vom Ende der Haga Nygatan kann man die Vasagatan bis zum Ende hinunterlaufen und dabei die wunderschönen Altbauhäuser von Göteborg genießen. Schließlich gelangt man zum Vasaplatsen, wo man auf die Avenyn trifft, die Prachtmeile von Göteborg. Hier finden sich vielerlei schicke Restaurants, Edelclubs und Kaffeehäuser der großen Ketten und die Preise sind im Vergleich zu anderen Vierteln deutlich höher

Schlendert man die Avenyn weiter hinunter, gelangt man zum Kungsportsplatsen, wo früher der Haupteingang zur Stadt lag. Der große, sehr zentrale Platz liegt direkt an einem der Kanäle und bietet wunderschöne Sitzmöglichkeiten am Wasser, Cafés und Bars sowie Spazierwege am Ufer entlang. Ein Stück weiter den Schienen folgend gelangt man schließlich zum Brunnsparken, wo sich sämtliche Tramlinien kreuzen und das ganze Jahr über geschäftiges Treiben herrscht. Von hier aus kann man ein paar Stationen mit der Tram bis nach Korsvägen fahren, wo die beiden Wolkenkratzer der Gothia Towers, die Achterbahnen des Freizeitparks Lisebergs und der starke Verkehr um den Knotenpunkt zahlreicher Tram- und Buslinien richtig Großstadt-Feeling aufkommen lassen.

Ganz anders zeigt sich Göteborg auf der im Norden gelegenen Insel Hisingen. Das Business-Viertel Lindholmen, im südlichen Teil von Hisingen, ist da noch einmal ein Fall für sich und besitzt eine Atmosphäre, die einem nirgendwo sonst in Göteborg begegnet. Lindholmen ist, wie man es heute vorfindet, noch sehr jung und begegnet einem hauptsächlich in Form von modernen, glänzenden Bürogebäuden. Den meisten Göteborgern fehlen hier der Charme und die Lebendigkeit auf der Straße außerhalb der Bürozeiten und nachts ist es oft so menschenleer, dass viele sich unsicher fühlen. Eine Gegenbewegung zur ungemütlichen Business-Atmosphäre ist

die Initiative der Lindholmen Streetfood Koopera-
tive, die jeden Samstag in einer alten Werft lokale
Gastronomen und Designer einlädt, um einen Markt
der Begegnung und des kulturellen Austauschs ins
Leben zu rufen. Lindholmen erreicht man innerhalb
von wenigen Minuten vom Schiffsanleger Stenpiren
aus, wochentags ist die Flussüberquerung sogar gratis.

Der Rest von Hisingen wird von manchen als das
Ghetto von Göteborg bezeichnet und immer wieder
hatte dieser Stadtteil tatsächlich Probleme mit Ban-
denkriminalität und Schießereien. Wer mit dem Bus
oder der Tram über die Götaälvbron nach Hisingen
fährt, der merkt tatsächlich sofort den krassen Tape-
tenwechsel, den die Stadt vom glänzenden Touris-
tenmagneten bis hin zu einer Ansammlung von eher
charakterlosen und zum Teil ausladenden Vierteln
auf Hisingen vollzieht. Trotzdem hat Hisingen auch
genügend schöne Seiten.

Zum Beispiel gibt es am Wieselgrensplatsen hier
jeden Samstag einen offenen Markt, auf dem Obst
und Gemüse deutlich günstiger als im Supermarkt zu
bekommen sind. Die Menschen an den Ständen sind
zudem immer sehr freundlich und schenken öfters

auch einmal etwas gratis dazu. Außerdem liegt auf der Insel der Hisingsparken ein großer Stadtpark mit mehreren Seen, Waldstücken und Aussichtspunkten, der weniger überlaufen ist als der im südlichen Teil gelegene Slottskogen, aber ebenso schöne Spaziermöglichkeiten bietet.

SEHENSWÜRDIGKEITEN

Vergnügungspark Liseberg
Von Ende April bis Anfang Oktober kann man in Göteborg im größten Vergnügungspark Skandinaviens die Achterbahnen hoch und runter rollen. Liseberg zählt definitiv zu den Hauptattraktionen Göteborgs und ist ein Magnet sowohl für Touristen und internationale Studenten als auch für Göteborger. Günstig ist der Spaß leider nicht, je nachdem, wie viele der Attraktionen man nutzen möchte, bezahlt man bei einem ganztägigen Aufenthalt um die 500 – 600 Kronen (50 – 60 Euro). Außerhalb der Sommersaison ist der Park auch immer wieder zu anderen Gelegenheiten geöffnet, wie z. B. zu Lisebergs beliebter Halloween-Party oder in der Weihnachtszeit, wenn hier Göteborgs größter Weihnachtsmarkt aufgebaut wird.

Museen

Wer gerne lieber betrachtet, erforscht, liest und lernt, dem bieten die zahlreichen Museen in Göteborg viel zu entdecken. Überschaubar, aber beliebt ist das Volvo-Museum, in dem die Geschichte des schwedischen Fahrzeugherstellers Volvo festgehalten ist. Das Museum liegt etwas abseits im Industriegebiet Arendal, ist aber mit der Buslinie 32 gut zu erreichen (Haltestelle Volvo Torslanda).

Über Göteborgs Seefahrts- und Schiffsbaugeschichte informiert das Sjöfartsmuseet am Stibergstorget (Tramlinie 3, 9 und 11). Hier befindet sich im Erdgeschoss außerdem ein Aquarium, welches mit seinen bunten Fischen, Seepferdchen und Anemonen besonders bei Kindern immer gut ankommt.

In der Nähe des Linnéplatsen (Tramlinie 1 und 2) am Rande vom Slottskogen liegt das Naturhistoriska Museet (Naturhistorisches Museum) mit einer großen Ausstellung an Tieren vieler systematischer Gruppen und von ganz unterschiedlichen Regionen des Planeten. Auch einen Besuch wert ist das Världskulturmuseet direkt neben dem Freizeitpark Liseberg. Hier gibt es wechselnde Ausstellungen zu ganz verschiedenen Themen, immer mit Bezug auf globale Fragen, aktuelle gesellschaftliche Diskussionen, Probleme aus der Ökologie oder der Politik. Definitiv ein Highlight der Stadt für alle, die sich für die Welt der Meereslebewesen interessieren, ist das Universeum. Tickets sind hier mit rund 25 Euro für Erwachsene relativ teuer, doch ist das Universeum nicht nur Museum im klassischen Sinn.

Vielmehr will es als ein Ort der Wissenschaft bei seinen Besuchern, vor allem den jüngeren, die Neugierde und Freude an den Naturwissenschaften fördern und bietet hierfür vielerlei Möglichkeiten zum selbst Experimentieren und Erforschen. Tipp: Für nur 40 Kronen (etwa 4 Euro) erhalten Sie einen Museumspass, der ein ganzes Jahr lang gültig bleibt und mit dem Sie kostenlosen Eintritt in fünf Museen in Göteborg bekommen: Göteborgs Stadsmuseum (Museum der Geschichte von Göteborg), Naturhistoriska Museet, Röhsska Museet (Museum für Design und Mode), Konstmuseum und das Maritime Museum Maritiman.

EINKAUFEN UND FLANIEREN

Beim Shopping glänzt Schweden vor allem in zwei Kategorien – Kleidung und Inneneinrichtung. Falls Sie für Ihren Einkaufsbummel etwas Inspiration suchen, setzen Sie sich einmal für eine Stunde in ein Straßencafé und studieren den Kleidungsstil der Leute. Ihnen wird schnell auffallen, dass so etwas wie ein Modemuffel eine seltene Art in Schweden ist. So unterschiedlich die Menschen auch sein mögen, so scheinen doch die meisten Wert auf elegant kombinierte und stilvolle Kleidung zu legen.

Ähnliches gilt, wenn es um die Einrichtung der schwedischen Wohnungen und Häuser geht. Hier äußert sich ganz besonders der ausgeprägte Sinn der Schweden für ein gemütliches und geschmackvoll dekoriertes Zuhause. Falls Sie in einem Airbnb wohnen oder sogar in ein schwedisches Zuhause eingeladen werden, überzeugen Sie sich selbst davon: Schwedische Räume wollen vor allem der Seele guttun. Kunstvolle Kerzen in warmen Farben sorgen für ein Wohlfühl-Feeling, das besonders während der langen Wintermonate unbedingt nötig ist, um von der Dunkelheit niedergeschlagene Gemüter etwas aufzuhellen. Teppiche, Wandfarben, Bilder und

Gemälde harmonieren in wohltuenden Farben, großzügige Fensterfronten lassen möglichst viel des spärlichen Lichtes herein und nicht selten gibt es auch einen gemütlichen Kamin im Wohnzimmer. Auch schwedische Küchen wirken meist nicht nur sehr heimelig, sondern sind auch immer top ausgestattet. Denn die Kunst, eine herzerwärmende Mahlzeit zuzubereiten, beherrscht hier fast jeder. Da diese beiden Lebensbereiche – Mode und Wohnen - sehr großgeschrieben werden, ist hier dementsprechend auch das Einkaufsangebot reichlich, kreativ und qualitativ oft sehr hochwertig.

Für einen Einkaufsbummel durch die Stadt bietet Göteborg wieder einmal große Vielfalt – sowohl was die Preise und den Stil als auch das Publikum angeht. In den Nebenstraßen rund um die Domkyrka (Tramlinien 6 und 11) finden sich Boutiquen der mittleren und hohen Preisklasse mit schwedischer Markenmode sowie Einrichtungsgeschäfte und einige Kaffeehäuser. Wer gerne alles an einem Ort hat und große Kaufhäuser nicht scheut, kann zum Shopping in die Nordstan fahren, in das größte Einkaufszentrum von Göteborg, in dem man an Sportgeschäften, Warenhäusern, Schreibwarenläden,

Supermärkten und Imbissrestaurants bis hin zu Elektrofachgeschäften nichts vermissen wird.

Wem der Trubel und die Menschenmassen der Nordstan zu stressig sind und beim Einkaufen eher nach etwas Besonderem sucht, der fährt am besten nach Haga. An Einkaufsmöglichkeiten gibt es neben vielen individuellen Modegeschäften hier auch Fachgeschäfte mit Tee, Blumen, Schmuck, Souvenirs, Antiquitäten oder Feinkostartikeln.

Second-Hand-Shops

Das Einkaufen aus zweiter Hand ist in Schweden viel üblicher als bei uns und nicht unbedingt nur etwas, was man tut, um Geld zu sparen. Das mag damit zu tun haben, dass Nachhaltigkeit seit Jahren ein heiß diskutiertes und großgeschriebenes Thema in Schweden ist oder auch damit, dass schwedische Second-Hand-Shops ein viel größeres und besser bestücktes Angebot bieten als in Deutschland. Lohnenswerte Adressen für das Shoppen von Gebrauchtartikeln gibt es viele in Göteborg, zentral gelegen ist zum Beispiel das dreistöckige *Myrorna,* direkt am Järntorget (Tramlinien 3, 9, 11, 2 und 7). Auf der anderen Seite des Järntorget gibt es hier außerdem das etwas kleinere *emmaus* mit eher überschaubarem

Sortiment. Natürlich darf man beim Besuch eines Second-Hand-Geschäftes nicht die gleiche Auswahl, Qualität und Ordentlichkeit erwarten wie in anderen Modehäusern. Am besten nimmt man sich viel Zeit, um sich bei den bunten, voll behangenen Kleiderständern durchzuprobieren. Oft findet man dann Stücke, nach denen man beim gewöhnlichen Shopping vergebens suchen würde. Mode eben, wie sie nicht jedermann trägt, da sie gerade nicht angesagt oder nicht mehr zeitgemäß, aber trotzdem oder gerade deswegen besonders stilvoll ist. Und natürlich bezahlt man nur einen Bruchteil dessen, was man sonst beim Einkaufen von schwedischer Mode ausgeben würde.

AUSGEHEN

Ausgehen ist unter den Schweden ebenso beliebt wie unter anderen Völkern – da halten auch die hohen Preise die Wenigsten zurück. Dennoch sollte man sich als Auswärtiger des Preisunterschiedes bewusst sein. Ein Bier kostet hier durchschnittlich umgerechnet 6-7 Euro und der Eintritt in einen Nachtclub mindestens 10 Euro, oft auch einmal 20

Euro. Wer auf das Nachtleben nicht verzichten, aber etwas Geld sparen möchte, ist auf der Andra Långgatan (Haltestelle Järntorget) gut aufgehoben. Hier bekommt man ein Bier ab 36 Kronen (3,50 Euro) und an manchen Adressen, wie beispielsweise dem *Brygghuset*, werden am Samstag Teile der Bar zu später Stunde zur Tanzfläche umfunktioniert, sodass Tanzbegeisterte hier auch ohne Anstehen und Eintrittspreis auf ihre Kosten kommen.

Neben dem *Brygghuset*, das auch für ein gemütliches Bier immer eine gute Adresse ist, gibt es die *Down Under* Bar, die unter anderem mit australischem Bier, einer urigen Atmosphäre und nettem Personal immer wieder gut besteht. Ein gemütliches Ambiente und relativ günstige Preise bieten außerdem *Notting Hill* und die *Ölstugan Tullen.* Sehr günstig ist es im *Kingshead*; diese Kneipe wird vor allem von internationalen Studenten gerne besucht und bietet wochentags beim Bestellen eines Getränks von 17 bis 19 Uhr ein Gratis-Buffet an (mehr zum „Afterwork" im Abschnitt „Kulinarisches").

Auch einen Besuch wert ist die Tredje Långgatan, die Parallelstraße zur Andra Långgatan, welche den Ruf hat, die schickere Version ihrer

Nachbarin zu sein. Hier sind die Preise minimal höher, die Räume und das Publikum dafür etwas schicker. Wer in der Nähe noch in einen richtigen Club gehen möchte, kann das im *Pustervik* tun.

Hier wird meist rockige Musik aufgelegt und regelmäßig gibt es Konzerte, für die man im Vorverkaufsgeschäft direkt nebenan Karten im Voraus bestellen sollte. Am ersten Montag jedes Monats gibt es im *Pustervik* außerdem eine Open-Stage-Veranstaltung, an der lokale Künstler aller Genres ihr Können auf der Bühne zur Schau stellen. Nicht weit vom Järntorget entfernt, in der Nähe des Grönsakstorget, befinden sich außerdem die Nachtklubs *Nefertiti* und *Sticky Fingers*. Die Eintrittspreise halten sich hier mit ca. 100 Kronen (10 Euro) relativ im Rahmen und musikalisch ist von Jazz über Mainstream bis Rock für die meisten etwas dabei.

Wer wirklich in die Edelbars Göteborgs eintauchen will, macht sich auf zur Avenyn, der Prachtmeile der Stadt. Hier befindet man sich unter den gut Betuchten und bekommt angesichts der Einrichtung der Lokale, des Publikums und der Preise auch genau dieses Gefühl vermittelt. Im *Bryggeriet* hat man hin und wieder das Glück, dass auch hier zu später

Stunde ein DJ auflegt und sich das Untergeschoss in eine Tanzfläche verwandelt. Ansonsten bietet die Gegend rund um die Avenyn zahlreiche Clubs, allerdings mit sehr stolzen Preisen. Beliebt ist das *Excet,* das mit sechs Floors vielerlei Geschmäcker trifft, meist steht man sich hier aber in der Schlange mindestens eine Stunde lang die Beine in den Bauch.

Wer einmal eine etwas andersartige Kulisse beim Feiern erleben will, sollte unbedingt im *Yaki Da* vorbeischauen. Das vielseitige Lokal, das sowohl Restaurant und Bar als auch Nachtclub ist, befindet sich ebenfalls an der Avenyn und die inneren Räume erinnern mit goldenen Treppengeländern, roten Teppichen, verschnörkelten Wänden und antiken Bilderrahmen an eine alte Villa.

In den verschiedenen Zimmern, wobei in jedem ein anderer Musikstil läuft, fühlt man sich beim Tanzen wie in einem Wohnzimmer aus einer altmodischen Fernsehserie. Mittwochs gibt es hier vor 22 Uhr freien Eintritt und es wird vor allem elektronische Musik aufgelegt. Wer Geduld hat und besonders aufs Geld schaut, sollte sich den Freitag für einen Besuch im *Yaki Da* freinehmen. Dann bekommt man ab 17 Uhr freien Eintritt und kann dabei außerdem beim Pizzabuffet zuschlagen. Einmal im Lokal, kann man bei einem Bier dann einfach gemütlich darauf warten, bis das Nachtprogramm startet.

KULINARISCHES

Den Schweden kann man vieles nachsagen, aber ganz bestimmt nicht, dass Sie keine Ahnung von gutem Essen hätten. Ob man nun privat zum Abendessen bei schwedischen Freunden eingeladen ist oder auswärts diniert, das Essen schmeckt meistens nicht nur erstklassig, sondern ist auch reichhaltig und abwechslungsreich. Typisch schwedische Gerichte gibt es allerlei und sie gehen weit über die *köttbullar,* die unsereins aus dem Ikea kennt, hinaus (übrigens: Wenn Sie sich beim Bestellen wie ein Schwede anhören möchten, sprechen Sie das 'K' nicht wie ein deutsches 'K', sondern wie ein 'Sch' aus).

Fleisch wird in Schweden tatsächlich gerne gegessen, ebenso Fisch und Meeresfrüchte, woran es durch Göteborgs Nähe zum Meer besonders viel Auswahl gibt. Wer sich davon überzeugen möchte, kann im Fischrestaurant *Sjöbaren* in Haga vorbeischauen. Möchten Sie lieber nur einen Happen für unterwegs, frischen Fisch einkaufen oder auch bloß eine weitere Attraktion Göteborgs sehen, dann besuchen Sie die Fischkirche, *Feskekörka,* die direkt am Kanal in der Nähe des Grönsakstorget liegt. Von außen Kirche, von innen Markthalle findet man in der Feskekörka allerlei Leckereien aus den Meeren, sowohl zubereitet als auch frisch zum selbst Kochen. Auch ein kleines, aber gemütliches Restaurant gibt es hier, dass in jedem Fall einen Besuch wert ist. Als Beilage gibt es in Schweden oft Kartoffeln, *potatis,* und vielerlei Variationen an leckerem Gemüse. Auch Suppen sind hierzulande beliebt. Eine gute Adresse hierfür ist das gemütliche Lokal *Soppa & Sunt* in der Magasinsgatan, direkt am Grönsakstorget gelegen. Hier gibt es täglich wechselnde Suppengerichte, die man bei Ankunft gerne alle probieren darf und dann für 5-7 Euro einen herrlichen Teller Suppe mit Brot bekommt.

Vegetarier und Veganer sind im *Blackbird* gut bedient, einem ausschließlich veganen Restaurant am Stigbergstorget mit hervorragendem, kreativem Essen mit akzeptablem Preisniveau. Außerdem gibt es in Haga das Restaurant *Solrosen,* welches gegen unschlagbare Preise vegetarische Gerichte inklusive

Salatbuffet anbietet.

Besonders zur Mittagspause lohnt sich auch ein Besuch in der *Saluhallen Briggen* in der Nordhemsgatan. Mittagsgerichte gibt es hier schon ab etwa 6 Euro und ist inklusive Kaffee und Brot, wobei auch die angenehme Marktatmosphäre sehr überzeugt.

Da die Kaffeekultur ein so elementarer Bestandteil der schwedischen Lebensweise ist, gibt es wiederum eine ganze Palette an Köstlichkeiten, die typischerweise zur *Fika* serviert werden (mehr über die Fika erfahren Sie im Abschnitt „The Swedish Way – Eindrücke einer nordischen Kultur"). Weltberühmt ist die *kanelbulle,* die Zimtschnecke, die es in Göteborg nicht nur in jedem Café, sondern auch im Supermarkt und in den kleinen Kiosken der *Pressbyrån* zu kaufen gibt. Die angeblich größten Zimtschnecken der Welt gibt es im *Café Husaren* in Haga. Diese reichen locker für zwei und ersetzen dennoch eine ganze Mahlzeit. Neben den Zimtschnecken gibt es in allen Cafés zudem immer eine reichliche Auswahl an Kuchen, Torten, süßem Gebäck und belegten Brötchen, *smörgåsar.* Die schwedischen Cafébesitzer verstehen sich zudem nicht nur darauf, eine ganz eigene und kreative Auswahl anzubieten, sondern diese auch noch ästhetisch besonders ansprechend zu gestalten und herzurichten. Sehen Sie sich eine der Theken in einem Café in Haga an und es wird Ihnen schwerfallen, zwischen all den Köstlichkeiten an kunstvollem Gebäck, königlichen Sandwiches und appetitlichen Kuchen und Torten zu entscheiden. Aber nicht nur Kaltes können Sie in Haga genießen, viele der Cafés bieten auch günstige Kombi-Menüs oder Buffets für einen Brunch oder ein Mittagessen an. Im *Café Deli* beispielsweise können Sie von der Theke auswählen und sich einen Teller mit vier verschiedenen vegetarischen Gerichten aussuchen. Im *Le Petit Café* gibt es außerdem ein Buffet mit verschiedenen Salaten, Hummus, Brot und Suppe für nur 89 Kronen (etwa 9 Euro).

Auch haben die Schweden eine Liebe für Gerichte asiatischer Kulturen: Besonders indische Restaurants und Sushi-Bars werden Sie in Göteborg zuhauf finden. Eine sehr typische und etwas kuriose schwedische Tradition ist es, freitags Freunde einzuladen und zusammen Tacos zu essen. Wollen Sie an einem Freitag auswärts essen und trotzdem einem schwedischen Brauch folgen, sollten Sie „Afterwork" essen gehen. In vielen Kneipen rund um Göteborg gibt es dann von 17 bis 19 Uhr ein Gratis-Buffet beim Kauf eines Getränkes. Eine sichere Adresse ist da immer das *Kingshead*, wo man sogar an allen fünf Wochentagen beim Afterwork zuschlagen kann. Aber auch in vielen anderen Lokalen an der Andra Langgåtan und an der Avenyn, wie zum Beispiel im *Lilla London* und *Yaki Da,* findet man freitags ein Afterwork-Angebot.

Wer gerne auch etwas mehr fürs Essen gehen ausgibt, kann sich bei den Restaurants im Stadtteil Vasa umschauen. Das *Smaka* (schwedisch für „schmecken") liegt an der Haltestelle *Vasa Viktoriagatan* und bietet typisch schwedisches Essen mit einem großen Angebot an Fisch und Fleisch.

VERANSTALTUNGEN

Göteborgsvarvet
Jedes Jahr findet in Göteborg im Frühjahr der größte Halbmarathon der Welt statt. Groß heißt in diesem Zusammenhang, dass sehr viele Menschen mitlaufen und noch viel mehr zuschauen. Tatsächlich verwandeln sich weite Teile der Stadt an diesem Tag zu einer Art Festival-Meile. Die Veranstaltung ist somit definitiv nicht nur ein Erlebnis, wenn man selbst

mitlaufen möchte, man kann sich genauso ein angenehmes Plätzchen an der 21 km langen Strecke suchen und mit vielen anderen den Läufern zujubeln. Wer gerne mitlaufen möchte, der wird von der unvergleichlich abwechslungsreichen Strecke des Göteborgsvarvet ganz bestimmt nicht enttäuscht werden. Das Rennen führt die Läufer durch den schönen Slottskogen, durch Majorna, den Fluss überquerend sowohl über die Älvsborgsbron als auch die Götaälvbron, am Ufer entlang durch das Business-Viertel Lindholmen und die prächtige Innenstadt der Avenyn und Vasastan. Auch um den Lauf herum gibt es natürlich jede Menge Musik, Getränke, Verpflegung und Unterhaltungsprogramm.

Mittsommer

Wer im Juni nach Göteborg reist, hat das Glück, eine der wichtigsten traditionellen Festlichkeiten von Skandinavien miterleben zu dürfen. Am Freitag und Samstag zwischen dem 19. und 25. Juni wird in den skandinavischen Ländern Mittsommer gefeiert (schwedisch *midsommar)*, eine Zeit, zu der sich die Stadt und deren Bewohner im Ausnahmezustand befinden. Tatsächlich fahren viele schwedische Familien an Mittsommer am liebsten aufs Land und ziehen sich in ihre *stugas,* ihre Sommerhäuser, zurück, wo dann ausgiebig mit der Großfamilie oder mit Freunden gefeiert wird. Gegessen wird eingelegter Hering, Lachs, Kartoffeln oder Köttbullar; man trinkt viel Schnaps und singt die traditionellen Mittsommer-Lieder rauf und runter. Göteborg scheint dadurch an diesem Tag häufig etwas leergefegt. Dennoch gibt es auch hier vielerlei Möglichkeiten, Mittsommer zu feiern. Am Nachmittag des *midsommarafton* (Freitag) findet auf den Wiesen des Slottskogen ein großes Fest statt, wo sich dann besonders viele Studenten, jüngere Familien und Menschen aus anderen Ländern versammeln.

Traditionell tanzt man zu der typischen Musik um den Mittsommerbaum herum. Am besten schaut man sich einfach ab, wie getanzt wird, und mischt sich mutig unter das Treiben! Viele Bars und Gaststätten haben an *midsommarafton* geschlossen, aber man wird beispielsweise an der Andra Långgatan auch einzelne finden, die geöffnet sind und wo sich dann alle tummeln, die von dem langen Festtag noch nicht ausgelaugt sind. Wer Mittsommer mit noch mehr urtümlicher Atmosphäre erleben will, kann auf die Schären hinausfahren. Auf Brännö zum

Beispiel versammeln sich die Inselbewohner und Ferientouristen auf dem Sportplatz um den Mittsommerbaum herum und feiern hier in etwas kleinerem, bekannterem Kreis. Den Samstag nach der großen Party, den *Midsommardagen,* nutzen die meisten, um einfach nur ergiebig faul zu sein und sich vom anstrengenden Freitag zu erholen.

Santa Lucia

Der 13. Dezember ist in Schweden der Gedenktag der heiligen Lucia, der Lichterkönigin, die an diesem Tag mit ihrem Licht die endlich wieder heller werdenden Tage einleitet. *Luciadagen* zählt zu den wichtigsten schwedischen Festtagen und markiert den Beginn der Weihnachtszeit in Schweden. An diesem Tag schlüpfen die Mädchen in weiße Gewänder, tragen Kerzen und goldene Bänder und unter ihnen befindet sich die heilige Lucia, die einen Lichterkranz auf dem Kopf trägt. So ziehen die Luciazüge durch die Stadt, durch Schulen und Büros und singen die traditionellen Lucia-Grußlieder. Dazu isst man an diesem Tag typischerweise das Safrangebäck *Lussekatt* und trinkt *Glögg,* die schwedische Variante des Glühweins.

Durchatmen und Natur tanken

NATUR IN DER STADT

Waren Sie schon einmal in einer Großstadt, in der Sie beim Spazierengehen das Gefühl bekamen, sich mitten in der Wildnis zu befinden, obwohl die nächste Shoppingmeile nur ein paar Kilometer entfernt lag? In Göteborg finden Sie genau das und auch nicht nur an wenigen Stellen. Wo auch immer Sie sich befinden, ein Platz im Grünen ist nie zu weit weg und häufig handelt es sich dabei auch nicht bloß um ein paar Bäume auf einem Streifen Gras. Fahren Sie mit der Linie 2, 8 oder 9 zum botanischen Garten (Botaniska

Trädgården) und durchqueren diesen den Schildern folgend bis zum Änggården. Hier liegt ein großes Wandergebiet quasi mitten in der Stadt und bietet abenteuerliche Pfade durch den Wald, herrliche Ausblicke auf Höhenwegen und ruhige, sonnige Flecken im Grünen. Verlaufen tut man sich hier trotzdem nicht: An jeder Wegkreuzung ist sowohl der Weg zurück zum Garten als auch in die umliegenden Wohngebiete Eklanda und Högsbo ausgeschildert. Auch der botanische Garten an sich ist auf jeden Fall einen Besuch wert: zum Spazierengehen zwischen all den liebevoll angelegten Gärten mit Kräutern, Blumen, Sträuchern und Bäumen aus aller Welt oder um für 10 Kronen (1 Euro) den Gewächshäusern der Tropenwelten, Sukkulenten und Kakteen einen Besuch abzustatten.

Wer sich nach noch mehr Platz und längeren Wanderwegen sehnt, der nimmt am besten die Tramlinie Nummer 5 in Richtung *Östra Sjukhuset* und fährt hinaus zu den Seen. Das Naturschutzgebiet rund um die beiden Seen Stora Delsjön und Lilla Delsjön bietet nicht nur Möglichkeit zum Baden, Grillen und Spazieren, auch der Fernwanderweg Bohusleden, der in Göteborg beginnt und im 360 km weiter nördlichen Strömstad endet, führt hier vorbei und lädt ein auf eine oder mehrere Tagesetappen. Am besten steigt man an der Haltestelle *Töpelsgatan* aus und folgt der Straße den Berg hinauf, wo dann ein Waldweg beginnt und Sie direkt in das große und gut beschilderte Wandergebiet führt.

Einen lohnenswerten Ausflug für die Familie bietet mit Sicherheit der Slottskogen, Göteborgs beliebter Stadtpark zwischen den Stadtteilen Linné und Majorna. Der Slottskogen ist zu jeder Jahreszeit, besonders aber natürlich im Sommer, ein Magnet für allerlei Menschen. Hier kann man ebenso Spazieren, Picknicken oder einen Kaffee trinken gehen, außerdem gibt es im Park einen Mini-Zoo mit Pinguinen, Robben, Elchen und Ziegen. Vielerlei schöne Aussichtspunkte findet man im Slottskogen, wenn man von den asphaltierten Spazierwegen den etwas unscheinbaren, steinigen Waldwegen die Hügel hinauf folgt. Von dort aus überblickt man dann meist weite Teile der Stadt und kann ein wenig auf einer Bank in der Sonne verweilen.

Direkt in der Innenstadt liegt die Trädgårdsföreningen mit einem weiteren kleinen Stadtpark und schönen Fußpfaden an den Kanälen entlang. Doch selbst, wenn Sie nicht gezielt das Grüne suchen: Wer zu Fuß Göteborg erkundet, stößt ganz zwangsläufig immer wieder auf ein Stück Natur. Mal ist es ein großer Teich mit Bänken und Wiesen, der da unscheinbar hinter den Häuserreihen ruht, mal ein riesiger, mit Gestrüpp bewachsener Felsbrocken, der plötzlich am Straßenrand auftaucht, wenn Sie mit der Tram um die Ecke biegen.

DIE SCHÄREN

Bunt bemalte Holzhäuser, idyllische Buchten mit langen Holzstegen, blaugelbe Schweden-Flaggen, die im Seewind flattern, Schwärme von Möwen und Wildgänsen, die bei Ebbe im Schlamm umher stolzieren und mit ihren Schnäbeln nach Würmern picken und immer wieder: totale Stille. Die Schären vor der Küste Göteborgs bieten die Möglichkeit, Schweden noch einmal von einer ganz anderen, vielleicht eher Bilderbuch-getreuen Seite zu erleben. Für Göteborger wie Urlauber sind die Inseln zudem Orte, an denen der Trubel der Großstadt, die Menschenmengen und der Autolärm für eine Weile ganz in Vergessenheit geraten. Der südliche Archipel ist dafür nur eine Tram- und eine Bootsfahrt weit vom Stadtkern entfernt. Steigen Sie in die Linie 11 bis zur Endstation *Saltholmen,* hier können Sie mit dem gleichen Ticket auf eines der Schiffe des *Styrsöbolaget* umsteigen, das Sie innerhalb von 10-30 Minuten auf die Schären bringt.

Wenn das Schiff dann angelegt hat und man das erste Mal Inselboden betritt, hat man in so vieler Hinsicht das Gefühl, sich in einer anderen Welt zu befinden. Die Geschäftigkeit der Großstadt wirkt wie aus einem anderen Leben und die Zeit scheint irgendwie stillzustehen. Das Treiben, der Lärm, die Hektik und die vielen Eindrücke sind ausgewechselt durch das sanfte Plätschern der Wellen am Ufer, eine kühle Seebrise, das freundschaftliche Plaudern der Inselbewohner und den Anblick der malerischen Schweden-Häuschen, wie sie in der Landschaft zwischen Sträßchen, Hügeln und Felsen zerstreut sind.

Autos fahren auf dem gesamten südlichen Archipel keine, nur wenige Bewohner brausen mit kleinen Motorwägelchen, die irgendwie an eine Bauernhof-Serie auf dem Kika-Kanal erinnern, über die schmalen Straßen, um Einkäufe, Baumaterial oder auch mal den Rest der Familie zu transportieren.

Schnell wird man begreifen, dass das Leben auf den Schären ganz andere Qualitäten aufweist als in der Großstadt.

Wer hier Ferien macht oder vielleicht sogar eine Zeit lang wohnt, dem werden außergewöhnliche Dinge auffallen, wie beispielsweise, dass die Türen der Häuser meist offenstehen, selbst wenn sich die Hauseigentümer auf einem zweiwöchigen Urlaub befinden. Als Bewohner der Schären kennt man sich generell untereinander, besonders auf den kleineren Inseln, die nur etwa 360-600 Einwohner zählen. So wird man ebenso, ganz anders als in der Großstadt, immer herzlich gegrüßt und manchmal auch in ein nettes Gespräch verwickelt. Während in Göteborg wie auch in den meisten anderen Großstädten die Menschen viel zu sehr mit sich selbst beschäftigt zu sein scheinen, so wird man hier sehr wohl beachtet und bekommt dadurch das Gefühl, irgendwie ein wenig näher an Schweden und seine Menschen heranzukommen.

Unter den Inseln der südlichen Schären – Styrsö, Brännö, Vrångö, Donsö und Asperö – hat jede für sich einen eigenen Ruf. Brännö beispielsweise ist das Zuhause bzw. Feriendomizil vieler Künstler – der bekannte schwedische Popmusiker Håkan Hellström hat hier ein Haus und viele Inselbewohner kennen ihn persönlich. Vrångö, die südlichste der Inseln, ist ebenso eine der einsamsten.

Hier wohnen nur wenige Menschen das ganze Jahr über und die Insel bleibt auch im Sommer größtenteils von den Scharen an Touristen und Wochenendbesuchern verschont. Donsö gilt bei vielen als die Klassen-Insel, da viele der Donsö-Bewohner zur reicheren Schicht der Gesellschaft zählen. Dementsprechend findet man hier besonders große Häuser, breitere Straßen und eine stärker ausgebaute Infrastruktur mit mehreren Restaurants und Einkaufsmöglichkeiten. Styrsö wiederum ist ein beliebtes Touristenziel. Die Insel ist groß genug, um genügend Unterkünfte, Strände, Klippen-Landschaften und Spazierwege zu bieten, hat aber dennoch den typischen Schären-Charme nicht verloren.

Aber welche der Inseln Sie auch besuchen, auf jeder finden sich viele Orte mit Meer-Romantik, Klippen-Wanderwege, felsige Ufer und ein meist kräftig wehender Seewind, der durch die karge Vegetation des Nordens pflügt. Spazier- und Wanderwege sind generell gut ausgeschildert und mit farbigen

Punkten der Strecke nach markiert. Man sollte jedoch nicht erwarten, durchgehend einen hervorragend begehbaren Fußpfad vorzufinden – da viele der Inseln sehr felsig sind, muss man auch einmal Fels- und Gerölllandschaften überqueren, hier zahlt sich also ein gutes Schuhwerk aus!

Von Brännö aus können Sie über eine Steinbrücke weiter auf die Nachbarinsel Galterö wandern. Die komplette Insel ist als Naturschutzgebiet ausgewiesen und abgesehen von einigen militärischen Bauten erinnern hier nur die hin und wieder vorbeifahrenden Frachtschiffe und Fähren an menschliche Zivilisation. Stattdessen findet man auf Galterö zahlreiche Möwen, Wildgänse, frei herumstreunende Schafe, lange Sandstrände und den Geschmack totaler Einsamkeit. Für Suchende von romantischen Sonnenuntergängen lohnt es sich, in den Abendstunden einmal dem Fußpfad folgend die komplette Insel Galterö in Richtung Westen zu überqueren (einfach den Schildern nach Galterö Huvud folgen). Am westlichsten Punkt hat man von einem Hochplateau aus offene Sicht auf das Meer und kommt in den Genuss wunderbarer Farbspektakel, wenn die Sonne untergeht!

In den meisten Monaten finden Sie auf allen mit der Fähre erreichbaren Inseln Einkehrmöglichkeiten in kleinere Gaststätten oder Cafés sowie auf Brännö, Styrsö und Donsö auch einen Tante-Emma-Laden, in dem Sie die nötigsten Lebensmittel einkaufen können. Geldsparer sollten sich jedoch lieber auf dem Festland mit einem Picknick eindecken – durch die Transportwege sind die Preise auf den Inseln noch einmal um einiges teurer.

Tipp für Brännö: Probieren Sie ein *Brännöl* in der Gaststätte Värdshuset. Das auf der Insel gebraute Bier ist zurecht der ganze Stolz der Wirte und jede Krone seines Preises wert! Außerdem: In den Sommermonaten hat auf Brännö das Café Varvet geöffnet, das sowohl bei Bewohnern als auch bei Touristen sehr beliebte Freiluft-Strandcafé. Hier können Sie nicht nur täglich Kaffee, Drinks und Essen bei gemütlicher Atmosphäre direkt am Wasser genießen, am Wochenende gibt es auch regelmäßig Livemusik, wodurch die Insel in den Abendstunden noch einmal einen ganz besonderen Charme bekommt.

Neben dem südlichen Archipel liegen auch im Norden von Göteborgs Schäreninseln, die allerdings mit dem Auto befahrbar sind und dadurch einiges an

Ruhe und Abgeschiedenheit einbüßen. Doch auch ein Ausflug auf die nördlichen Inseln Öckerö, Hönö, Björkö oder Rörö lohnt sich. Am besten fährt man mit der Tram bis zum Nils Ericson Terminalen und fragt am Schalter des *västtrafik* nach den Linienbussen zum Fährterminal.

The Swedish Way

„FIKA"-KULTUR

Würde man einen Landeskundigen nach typisch schwedischen Begriffen fragen, die viel über die schwedische Kultur aussagen, so bekäme man wohl als Erstes das Wort *fika* zu hören. Eine Übersetzung ins Deutsche könnte klingen wie „Kaffeepause" und tatsächlich bedeutet der Brauch der Fika in erster Linie, sich eine Pause zu gönnen, eine Tasse Kaffee oder Tee zu genießen und eine Kleinigkeit dazu zu essen. Dennoch geht die Fika weit über das Ausmaß der deutschen Art und Bedeutung der Kaffeepause hinaus. Fika gehört unabdinglich in jeden schwedischen Alltag, ist Teil der schwedischen Mentalität und Lebensweise, formt das soziale Leben und hält die Gesellschaft irgendwie zusammen. Neben Kaffee und Tee geht es hier nämlich besonders auch darum, mit anderen zusammenzukommen und Zeit zu finden zum Plaudern, ob mit guten Freunden, bei einem Date oder mit den Kollegen in der Firma.

In den meisten Firmen wird die Fika kollegial zur selben Zeit eingenommen, dauert gerne einmal eine halbe Stunde und findet nicht selten auch zweimal am Tag statt. Zwar ist die Anwesenheit nicht vorgeschrieben, sie wird jedoch stark erwartet. Wer nicht an der Fika teilnimmt, dem mangelt es an Interesse an seinen Kollegen, der gilt als arrogant oder arbeitsbesessen. In der Freizeit bietet die Fika Zeit und Raum, Freundschaften zu pflegen und in der Universität, die Kommilitonen kennenzulernen. Eine Fika ist meist auch fester Bestandteil von Kongressen, Vorträgen und Seminaren, wo kostenloser Kaffee und Tee sowie süßes Gebäck meist eine Selbstverständlichkeit sind und die Möglichkeit geben sollen, sich unter die Menschen zu mischen und Kontakte zu knüpfen (*mingel* wie die Schweden gerne dazu sagen).

Neben dem sozialen Aspekt hat die Tradition

der Fika vor allem auch viel zu tun mit der schwedischen Vorliebe zum Entschleunigen. Während Stress, Leistungsdruck und Hektik für die meisten Menschen der westlichen Länder ja irgendwie zur Normalität geworden sind, lieben es die Schweden dennoch, sich Pausen zu gönnen, regelmäßig früh Feierabend zu machen und sich genügend Zeit zu nehmen für Familie, Freunde und Hobbys.

Die Fika ist dabei wie ein Anker im Sturm des modernen, immer schneller werdenden Lebens und bietet Gelegenheit, die Welt einmal Welt sein zu lassen und dem Schaffen und Treiben eine Auszeit zu geben. Doch nicht nur die Wichtigkeit der Kaffeepause zeugt von der schwedischen Gelassenheit. Gedrängel in Supermarktschlangen, gestresste Kassierer, die in Windeseile die Artikel über den Scan ziehen, Büros, die auch am Freitagabend noch geschäftig besetzt sind – das alles sind seltene Erscheinungen in dem skandinavischen Land.

Als jemand, der sich länger in Schweden aufhält und Eindrücke vom Arbeitsleben der Schweden gewinnt, gerät man vielmehr immer wieder ins Staunen – darüber, dass eine Team-Besprechung bei der Arbeit mit Erdbeeren in der Sonne abgehalten wird, darüber, dass Stundenpläne an der Uni im Endeffekt immer weniger zeitintensiv ausfallen als angegeben, darüber, dass man in vielen Studienfächern generell gar nicht weiß, was man alles mit seiner Freizeit anfangen soll und darüber, dass bei der Arbeit ein kurzes „Meine Tochter ist krank" vollkommen ausreicht, damit jemand ohne weiteres Nachfragen für den Rest des Tages freigestellt ist.

NATION DER NATURLIEBHABER UND OUTDOOR-SPORTLER

Dass Göteborg trotz seiner Größe und Geschäftigkeit so viel Fläche zur Erholung in der Natur bietet, ist bestimmt kein Zufall, sondern hängt zusammen mit der Leidenschaft der Schweden für Aktivitäten im Freien, sei es bloß ein Picknick mit der Familie auf den Schären, eine lange Wanderung, eine Kayak- oder Fahrradtour. In fast allen Parks und Grünflächen trifft man zu den meisten Tageszeiten auf Jogger oder auf solche, die an einem der Outdoor-Fitnessplätze fleißig ihre Klimmzüge und Kniebeugen abarbeiten. Auch bei Gesprächen mit Schweden trifft man selten auf jemanden, der nicht mindestens hin und wieder ein bisschen Zeit im Freien genießt. Immer wieder lernt man auch Leute kennen, die dann ganz beiläufig im Gespräch erwähnen, dass sie hier und da schon einen Marathon mitgelaufen sind oder eine halbe Weltumsegelung fertiggebracht haben.

Oder wie mein Kommilitone, der mal eben erwähnte, im Jahr zuvor am *Vasaloppen* teilgenommen zu haben, einem 70 km langen Langlauf-Ski-Rennen, ohne jedoch jemals zuvor auf Langlauf-Skiern gestanden zu haben. Genauso auch die Inselbewohner der Schären, die jeden Sommer den *Öloppet* organisieren, bei dem die Teilnehmer abwechselnd über die Inseln laufen und dann zur nächsten weiter schwimmen müssen und dabei 40 km an Land und 5,7 km im Wasser zurücklegen.

Aber nicht nur Outdoorsportarten sind hierzulande beliebt, Göteborgs Fitnessstudios sind ebenso das ganze Jahr über gut besucht und man läuft auch öfters mal um 3 Uhr morgens an einem Studio vorbei, in dem selbst um diese Zeit noch kräftig trainiert wird. Bei so viel sportlichem Ehrgeiz wundert es nicht, dass Übergewichtige in Schweden generell selten zu sehen sind. Es gibt auch Stimmen, die genau dies kritisieren, da sich viele Schweden gezwungen fühlten, in shape zu bleiben, sich zu trimmen und eine gute Figur zu machen, um bei anderen akzeptiert zu werden.

DIE PHILOSOPHIE DES „LAGOM"

Lagom, das ist noch so ein typisch schwedisches Wort, welches schwer zu übersetzen ist, aber eine ganze Menge aussagt über die Schweden und ihre Lebensweise. Man könnte es wohl umschreiben mit „nicht zu viel und nicht zu wenig". Lagom ist eine Art Lebenseinstellung oder auch eine inoffizielle Verhaltensnorm, die in vielen, wenn nicht in allen Bereichen gern gesehen oder sogar streng erwartet wird.

Ist man beispielsweise bei einem Schweden zum Essen eingeladen, so wird sehr wohl erwartet, dass man eine Kleinigkeit mitbringt. Aber hüten Sie sich davor, den Gastgeber mit protzigen Geschenken oder teuren Anerkennungen zu überhäufen! Solch ein Verhalten wird schnell als Überheblichkeit oder Angeberei verstanden. Genauso gilt es, das richtige Maß dabei zu finden, wie viel man vom Gastgeber in Anspruch nimmt. Man soll gerne gut beim Essen zulangen, um dem Gastgeber ein Kompliment zu

machen, dennoch aber früh genug mit dem Nach-
schöpfen aufhören, um nicht unhöflich zu wirken.
Ebenso gilt es, lange genug zu bleiben, um deutlich
zu machen, wie sehr man die Gesellschaft des anderen schätzt, aber nicht zu lange, als dass sich der
Gastgeber in seiner Privatsphäre gestört fühlen
könnte. Klingt kompliziert? Kann es tatsächlich sein,
aber gleichzeitig fördert die Mentalität des *lagom*
das Feingefühl im Miteinander und kann auch für
das persönliche Leben in vielen Bereichen nur guttun.

UMGANGSFORMEN IM ALLTAG – FLACHE HIERARCHIEN

Die höfliche Form des Siezens ist in Schweden seit
über 60 Jahren abgeschafft worden. Hier duzt man
sich grundsätzlich, unabhängig von gesellschaftli-
chem Status oder vom Alter der beiden Gesprächs-
partner. Ebenso nennt man sich gegenseitig beim
Vornamen, ob nun im persönlichen Gespräch, in E-
Mails, in Briefen oder auch in Zusammenhängen wie
in der Uni, im Beruf oder auf Behörden. Eine E-Mail
an einen Professor, den man noch nie persönlich

kennengelernt hat, mit „Hej Olof!" zu beginnen, ist demnach völlig in Ordnung und gilt keineswegs als respektlos. Dieser unkomplizierte, kollegiale Umgangston schafft tatsächlich in vielen Kontexten ein engeres Miteinander zwischen Personen der unterschiedlichsten gesellschaftlichen Rollen und Hintergründen.

In der Uni zum Beispiel ist es vollkommen normal, wenn man einmal mit seinem Dozenten einen Kaffee trinken geht und dabei von der Erkältung dessen Kindes erzählt bekommt. Ebenso kann es auch passieren, dass man beim Besuch einer Bank, des Einwohnermeldeamtes oder einer anderen Behörde neben dem eigentlichen Anliegen einfach einmal abdriftet und beginnt, mit dem Gegenüber über Gott und die Welt zu plaudern. Während die Schweden für manch andere Nation ja oft als eher zurückhaltende und distanzierte Menschen gelten, so schafft diese lockere und herzliche Umgangsform dennoch eine gewisse Nähe zwischen sich ansonsten fremden Menschen.

EIGENARTEN DER SCHWEDISCHEN KULTUR

Einige Details der schwedischen Benimm-Kultur machen deutlich, wie wichtig es den Schweden ist, in der Öffentlichkeit nicht unangenehm aufzufallen. Zum Beispiel steckt man sich, anstatt wie bei uns eine Zigarette zu rauchen, meist lieber ein Stück Kautabak, *Snus,* in den Mund und konsumiert auf diese Weise pures Nikotin, ohne dass es irgendjemand mitbekommen oder sich daran stören muss.

Was man als Gast im Land oft erst nach vielen Monaten heimlich verraten bekommt – es gehört sich überhaupt nicht, sich öffentlich die Nase zu schnäuzen. Sitzt ein Schwede beispielsweise in einem Café und die Nase läuft, so steht er lieber auf und schnäuzt sich auf der Toilette, anstatt dies vor seinem Gegenüber zu tun. Natürlich drohen keine dramatischen Folgen, wenn man es sich dennoch erlaubt, öffentlich zu rauchen oder sich zu schnäuzen. Nicht wenige Schweden tun auch dies ohne Scham, weil sie sich diesen gesellschaftlichen Gepflogenheiten nicht unterwerfen wollen.

KLEINER SPRACHFÜHRER
SCHWEDISCH

Beim Lesen eines schwedischen Textes fallen einem als Deutschsprachiger meistens sofort vielerlei Worte auf, die dem Deutschen sehr ähnlich sind und einfach irgendwie eine schwedische Note verpasst bekommen zu haben scheinen.

Generell lieben Schweden Buchstaben wie ä und å, so wird zum Beispiel das Wetter zum *väder* und das Boot zum *båt*. Hört man jedoch einen Schweden sprechen, kann es sehr viel schwieriger sein, auch nur in einem einzigen Satz dessen Sinn herauszuhören. Die schwedische Aussprache ähnelt eher der norwegischen als der deutschen und scheint beim ersten Mal Hören vor allem ein Kauderwelsch mit vielen Höhen und Tiefen, ungewöhnlichen Vokalen und seltsamen Lautkombinationen zu sein.

Was die schwedische Sprache so besonders macht, ist ihre Melodie. Anders als im Deutschen oder Englischen, die ja eher monoton gesprochen werden, singen die Schweden ihre Wörter förmlich in den verschiedensten Stimmlagen. Bis man als Lernender der Sprache so viel Authentizität verleihen kann, vergehen bei den meisten viele Jahre und man wird sich als Fremder leider immer schnell outen. Dennoch kann es nützlich sein und so manch einen Kassierer, Kellner oder Straßenpassanten erfreuen, wenn man sich die Mühe macht, sich ein paar Wörter deren Sprache zu merken.

Sehr nützlich und einfach ist das schwedische *Hej,* mit dem man sich in Schweden sowohl begrüßen als auch verabschieden kann. Bei der Verabschiedung etwas üblicher ist ein *Hej då!* oder auch ein *Hej så länge!* Hierbei spricht man das *å* ungefähr wie ein deutsches „o" aus, nur mit einem Hauch von einem a drin. Dieselben Floskeln zur Begrüßung und Verabschiedung gelten in beinahe jedem Zusammenhang, egal ob man sich mit Freunden trifft, in einem Geschäft grüßt, einem Bankangestellten oder auch dem Vorgesetzten gegenübersteht.

Unter Freunden ruft man sich auch einmal ein lässiges *Tjena!* zu (das „Tj" klingt so ähnlich wie das deutsche „sch"). Morgens kann man sich auch mit *God morgon!* (*morgon* klingt wie „morron") und abends mit *God kväll!* begrüßen. Ein höflicher Gruß zum Abschied ist zudem das *Ha det så bra!* (wörtlich: Hab es so gut!), um dem Gegenüber alles Gute zu wünschen. Sieht man den anderen bald wieder, kann man *Vi ses!* (Wir sehen uns!) sagen.

Will man sich bedanken, so sagt man *Tack*! oder auch *Tack så mycket!* (Vielen Dank). Das *tack* wird in bestimmten Situationen außerdem wie das deutsche „bitte" eingesetzt. Will man beispielsweise etwas bestellen, so schließt man mit einem *tack*, um den Wunsch höflich klingen zu lassen. „Eine Tasse Kaffee bitte" heißt dementsprechend „*En kopp kaffe, tack*".

Ein weiteres typisch schwedisches Wort ist neben der *Fika* und dem *Lagom* das *mysigt,* was so viel wie „gemütlich" bedeutet und in Schweden überall wertgeschätzt wird. Zuhause will man es gemütlich haben, das Café (*caféet*) oder die Bar (*pubben)* sollen gemütlich sein und auch zu einem Treffen mit Freunden sagt man gerne *Det var mysigt!* („Es war gemütlich"/"Es war schön"). Besonders in den langen, dunklen Wintermonaten scheint es, dass alle Schweden nach Gemütlichkeit streben und sich gerne bei jeder Gelegenheit eine Kerze anzünden, ein bisschen Musik anmachen und die Kälte draußen aussperren.

Bleibt man länger in Göteborg und möchte gerne mehr Schwedisch lernen, so lohnt es sich in jedem Fall, einen Kurs zu belegen. Angeboten werden diese vom *SFI-* Institut gegen Gebühr oder, wenn man an der Universität eingeschrieben ist, von der Göteborg Universität auch kostenlos. Da die meisten Schweden ausgezeichnetes Englisch sprechen und dies auch zu gerne tun, kann es schwierig sein, zum Üben zu kommen.

Hierfür gibt es in Göteborg beispielsweise das *Språkcaféet* am Esperantoplatsen nahe der Haltestelle Stenpiren. An jedem Wochentag kann man hier mit Muttersprachlern viele verschiedene Sprachen üben, wobei Schwedisch dienstags und donnerstags auf dem Programm steht. Um teilnehmen zu dürfen, muss man für mindestens 45 Kronen bestellen. Noch gemütlicher und weniger formell ist das Sprachcafé im *Café Olofs*, einem Studentencafé im Wohnheim Olofshöjd an der Haltestelle Utlandagatan. Auch wenn sich hier vor allem Studenten treffen, so ist das Café dennoch offen für Menschen aller Altersklassen und Nationalitäten und man kann hier alle zwei Wochen dienstags ab 19 Uhr seine Sprachkenntnisse bei netten Gesprächen mit Menschen verschiedenster Kulturen auffrischen.

Praktische Infos

ANREISE

Wege, um nach Göteborg zu gelangen, gibt es viele und sie unterscheiden sich deutlich hinsichtlich Anfahrtszeit und Preisklasse. Nach wie vor am günstigsten ist es, das Flugzeug zu nehmen, zum Beispiel direkt nach Göteborg Landvetter. Direktflüge hierhin gibt es ab Berlin, Düsseldorf, Frankfurt oder München. Vom Flughafen aus bringt Sie ein Shuttle Bus (Flygbussarna) in die Innenstadt, z. B. zum Nils Ericson Terminalen, von wo aus die meisten Tramlinien abfahren. Wichtig: Das Ticket für den Bus kann nur mit Kreditkarte bezahlt werden! Oft eine günstigere Variante ist es, nach Kopenhagen zu fliegen und von dort aus einen

Langstreckenbus nach Göteborg zu buchen oder mit dem Zug weiterzufahren (Fahrtzeit ca. 3-4 Stunden).

Wer gerne etwas umweltfreundlicher reist und Zeit mitbringt, kann auch mit Zug, Bus oder mit der Fähre anreisen. Busverbindungen gibt es von den meisten größeren deutschen Städten aus, oft fährt man über Hamburg und steigt dann in Kopenhagen um. Mit dem Zug zu reisen ist zwar möglich, aber meist deutlich teurer und zudem passiert es oft, dass man mitten in der Nacht Aufenthalt am Bahnhof hat. Sicherlich ein Erlebnis für sich ist die Anreise mit der Fähre *Stena Line.* Von Kiel aus bricht das Schiff täglich um 18.45 Uhr auf und läuft gegen 9.15 Uhr am nächsten Morgen in Göteborg in. Meist kostet ein Bett in einer Kabine ungefähr 100 Euro pro Person, dafür genießt man aber puren Komfort auf dem Schiff.

Mit einer Yachtbar auf dem Deck, einem Restaurant, mit abendlichem Unterhaltungsprogramm, Frühstücksbuffet und Einkaufsmöglichkeiten an Bord fühlt man sich hier bereits wie im Urlaub. Und spätestens, wenn man sich in den Morgenstunden warm anzieht und im Fahrtwind auf das Deck stellt, um die Einfahrt nach Göteborg zu genießen, wird man für den Ticketpreis entschädigt. Etwa eine Dreiviertelstunde vor Ankunft fährt die *Stena Line* an den Schären vorbei, sodass man bereits die malerischen schwedischen Häuschen vom Schiff aus sehen kann, bevor es dann auf der Göta Älv flussaufwärts weiter geht, vorbei am ehemaligen Werftgebiet und unter der gigantischen Älvsborgsbron hindurch bis zum Anleger.

UNTERKUNFT

Hotels im klassischen Sinne haben wie vieles in Göteborg stolze Preise, gibt es jedoch natürlich reichlich in der Stadt. Gute Adressen sind beispielsweise das Spar Hotel im gemütlichen Majorna oder das teure, aber beliebte Dorsia Hotel direkt in der Innenstadt. Etwas günstiger wohnt man im *Vandrarhem,* in der Jugendherberge, wo man meistens auch Einzelzimmer buchen kann und zusätzlich Gelegenheit zum Kochen hat. Sehr gut gelegen mit einer angenehmen Atmosphäre ist das *Slottskogen Vandrarhem* in der Nähe der Tramstation Linnéplatsen. Noch etwas günstiger, aber mit kleineren Zimmern und einer weniger gut ausgestatteten Küche ist das

Vandrarhem Stigbergsliden an der Haltestelle Stigbergstorget. Ansonsten gibt es natürlich wie in den meisten großen Städten vielerlei Airbnb-Unterkünfte, die im Preis-Leistungs-Verhältnis oft besser abschneiden und wo man außerdem das Privileg genießt, in einer echten schwedischen Wohnung zu wohnen. Wer eine längere Fahrt in die Stadt nicht scheut und gerne etwas abseits wohnt, der kann sich überlegen, eine Unterkunft auf den Schären zu buchen. Hier werden meist komplette Häuser oder kleinere *stugas,* Sommerhütten, vermietet, die oft wunderschön eingerichtet sind, nicht selten mit herrlicher Lage überzeugen und in denen man zudem in unmittelbarer Nähe zur Natur wohnt.

WÄHRUNG & PREISE

In Schweden bezahlt man mit Kronen, wobei 10 Kronen je nach Kurs etwa 95 Cent entsprechen. Wechselstuben gibt es in der Innenstadt mehrere, z. B. in der Shoppingmall Nordstan. Mit Karte zu bezahlen, ist weit verbreitet, egal ob im Restaurant, Supermarkt oder auch nur für Kleinstbeträge im Café. An wenigen Orten kann man sogar ausschließlich mit

Karte bezahlen, es lohnt sich also, zumindest eine griffbereit zu haben. Auch gut zu wissen ist, dass alle Beträge unter 5 Kronen generell nicht gewechselt, sondern auf- oder abgerundet werden (nur wer mit Karte bezahlt, bekommt tatsächlich den genauen Betrag abgebucht).

Die Preise in Schweden liegen generell höher als in Deutschland, was aber auch wiederum sehr vom Lebensstil abhängt. Während die Preise für die meisten Lebensmittel nur wenig höher liegen, so merkt man den Unterschied vor allem beim Fleisch und Fisch. Ganz schön teuer ist das Fahren mit öffentlichen Verkehrsmitteln und den größten Unterschied merkt man wohl beim Auswärts-Essen und beim Alkohol. Sowohl in Gaststätten als auch im Geschäft bezahlt man für alkoholische Getränke nicht selten das Dreifache der Preise in Deutschland.

Alkoholische Getränke, die einen Alkoholanteil von mehr als 3,5 Promille haben, werden in Schweden außerdem nur im Fachgeschäft, dem Systembolaget, verkauft. Solche findet man in Göteborg beispielsweise in der Nordstan und an der Avenyn. Nur wer mindestens 21 Jahre alt ist, darf ein Systembolaget betreten und an der Kasse werden bei jungen

Leuten die Ausweise aller Anwesenden kontrolliert, unabhängig davon, wer bezahlt. Das Systembolaget hat außerdem ab 15 Uhr am Samstag über das ganze Wochenende geschlossen, danach kann man also nur noch in Bars und Restaurants Alkohol konsumieren.

DIE JAHRESZEITEN IN GÖTEBORG

Zwischen dem Lebensgefühl im Juni oder im Dezember liegen bei einer nordischen Stadt wie Göteborg natürlich Welten – in Skandinavien bestimmen die Jahreszeiten ganz dramatisch nicht nur die Temperatur und die Menge an Tageslicht, sondern auch das Energielevel und die Stimmung der Menschen. Wintermuffel suchen sich am besten eher die Sommermonate für einen Besuch in der schwedischen Stadt aus. Die Zeit zwischen Mai und August eignet sich hier besonders gut, wenn man es gerne etwas wärmer hat. Einzigartig ist im Sommer natürlich auch die Länge der Tage.

So kann schon morgens um 6 Uhr gleißend heller Sonnenschein durch die Gardinen strömen und man sieht auch um kurz nach Mitternacht noch einen orangenen Streifen der untergegangenen Sonne am Horizont. Für schlechte Schläfer können die Verhältnisse durchaus anstrengend sein, wenn es bereits um 4 Uhr morgens draußen dämmert und erst um 1 Uhr richtig dunkel ist. Andererseits beschert einem der lange Tag auch ein Gefühl von Freiheit – der Tag scheint nicht enden zu wollen und beschenkt einen mit reichlich Zeit für Unternehmungen und Ausflüge. Oft sitzt man noch bei gutem Licht und einem Tee nach dem Abendessen auf der Terrasse und kann es gar nicht glauben, wenn der Blick auf die Uhr verrät, dass es bereits halb elf geworden ist.

Temperaturen wie am Mittelmeer sollte man in Göteborg selbst im Hochsommer besser nicht erwarten und dann voller Optimismus nur kurze Hosen und T-Shirts mit nach Schweden nehmen. Die dreißig Grad-Marke wird hierzulande eher selten erreicht und abends kühlt es meistens so stark ab, dass man zumindest eine leichte Jacke braucht. Durch die Nähe zum Meer regnet es außerdem in Göteborg regelmäßig, langanhaltend und kräftig, und besonders in Küstennähe oder auf den Schären bläst meistens ein starker Wind.

Doch auch der Winter besitzt eine ganz besondere Atmosphäre in Göteborg. Im Dezember, dem dunkelsten Monat, dämmert es bereits um kurz nach halb drei und die Sonne geht dann am nächsten Morgen erst wieder gegen halb 10 auf. Das kann anstrengend sein, müde und antriebslos machen, aber auch einladen zu ein wenig mehr Langsamkeit und Gelassenheit. Dann nimmt man vielleicht ein wenig das Tempo aus dem Tag, unternimmt einen langen Strandspaziergang und macht es sich dann bei einer Kerze und einer Tasse Tee so richtig gemütlich. Wenn es bereits einige Tage oder Wochen richtig kalt gewesen ist und vielleicht sogar geschneit hat, lohnt sich ein Ausflug zum Stora Delsjön, der dann oft komplett zugefroren ist und sich an einem sonnigen Tag in eine wunderschöne Winterlandschaft verwandelt!

Meist kann man dann zu Fuß über den gesamten See spazieren, viele nutzen die Gelegenheit auch zum Schlittschuh laufen, gehen auf dem Eis joggen oder zünden sogar ein Barbecue an. Auch schön für einen Winterspaziergang sind die Schären, wenn die Klippen und Wiesen vom Weiß bedeckt sind und das flache Wasser am Ufer in Eis erstarrt ist.

Doch auch in der Stadt bietet sich im Winter eine besondere Atmosphäre. Um der Dunkelheit die Stirn zu bieten, gibt man sich in Göteborg besonders viel Mühe mit der Weihnachtsdekoration, die auch noch einige Wochen im Januar stehen bleibt. Ein Spaziergang durch die Stadt kann dann erst recht richtig romantisch werden. Natürlich gibt es zu dieser Jahreszeit auch allerlei winterlichen Schmaus, wie *Lussekatt* (Safranbullen) zu Santa Lucia, *Pepparkakor* (erinnern an Spekulatius) und *Glögg* (schwedischer Glühwein). Auch Weihnachtsmärkte gibt es in Göteborg über die ganze Stadt verteilt.

Neben vielen offenen und überschaubaren Märkten wie in Haga oder Linné wird der Freizeitpark Liseberg komplett zum Weihnachtsmarkt umdekoriert. Hier zahlt man dann 100 Kronen Eintritt, der Park ist dafür aber auch kräftig hergemacht mit allerlei weihnachtlicher Dekoration, thematisch hergerichteten Winterlandschaften, geschmückten Verkaufshäuschen und herrlich duftenden Essensständen.

ÖFFNUNGSZEITEN

Supermärkte haben in Göteborg an allen sieben Wochentagen geöffnet, viele von früh bis spät. *ICA* hat hier meistens die längsten Öffnungszeiten und je nach Standort sogar von 7-23 Uhr an allen Wochentagen geöffnet. Andere Warenhäuser und Fachgeschäfte schließen samstags meistens am späten Nachmittag und haben sonntags dann noch ein paar Stunden am Tag geöffnet. Banken sind an Wochentagen generell von 9.30 Uhr bis 15.00 Uhr geöffnet. Poststellen, so wie wir sie in Deutschland kennen, gibt es in Schweden nicht, stattdessen gibt man Briefe und Pakete an dafür ausgewiesenen Schaltern im Supermarkt oder Kiosk ab. Die Kette *Pressbyrån* hat oft noch geöffnet, wenn alles andere schon geschlossen ist. Hier bekommt man Dinge wie Snacks, Zeitungen, Zigaretten und *Snus,* wie auch Aufladungen für die Karten des *västtrafik*.

Schlusswort

Eine Reise in die schwedische Hafenstadt überzeugt viele Rückkehrende, dass Schweden viel mehr ist als nur Fleischklöße, rote Häuser und kalt-nasses Wetter. Kulinarische Vielfalt, idyllische Insellandschaften, stille Seen umgeben von prächtigen Laubwäldern, gemütliche Cafés in malerischen Altstadtvierteln, Ausgehen in urigen Kneipen – das alles und noch viel mehr können Sie auf einem Trip nach Göteborg entdecken und genießen. Natürlich gilt: Je mehr Zeit Sie sich nehmen, die Stadt, seine vielen verschiedenen Seiten und seine Bewohner kennenzulernen, desto eher bekommen

Sie einen tiefgehenden Eindruck von Göteborg, der schwedischen Kultur und des Lebensgefühls in der skandinavischen Großstadt. Ein Wochenende genügt, um einmal in Göteborgs Facettenreichtum einzutauchen und sich von dem großen Angebot an Aktivitäten die Verlockendsten herauszusuchen.

Wirklich ein Stück Göteborger Lebensgefühl einzufangen und die schwedische Kultur in sich hineinzulassen dauert jedoch Monate, wenn nicht sogar Jahre. Vermutlich ist es auch genau dieses Gefühl, das Viele beschleicht, wenn sie aus Göteborg nach Hause kommen. Man hat jede Menge gesehen, unternommen und erlebt, aber es bleiben dennoch viele Rätsel. Etwas an der schwedischen Weise nimmt einen mit und man ist sich nach dem ersten Mal nicht ganz sicher, wohin. Göteborg und die Schweden scheinen irgendwie viele Schichten zu haben, von denen sich für Fremde meist nur die Oberste offenbart.Vielleicht gibt es deswegen so viele Zurückkehrende nach Göteborg, sowohl unter Urlaubern als auch unter internationalen Studenten.

Ganz bestimmt ist es etwas an dieser geheimnisvollen Seite der skandinavischen Kultur, was die Menschen immer wieder in den Norden lockt, sicher aber auch einfach nur der viele Platz und die Schönheit der Natur, die Gelassenheit und Gemütlichkeit im Alltag, der Sinn für Ästhetik, den man überall antrifft, und die vielen Möglichkeiten, wie hier jeder etwas finden kann, das ihm guttut.

Packliste

Geld & Finanzen

O (evtl.) Auslandswährung
O Bargeld
O Bauchtasche
O Brustbeutel
O Bauchtasche
O EC-Karte
O Kreditkarte
O Notfall-Telefonnummern der Banken
O Portmonee

Hygiene

O Haarbürste / Kamm
O Deo (klein)
O Shampoo
O Kulturtasche
O Sonnencreme
O Taschentücher

O Reise-Zahnbürste und Zahnpasta
O Verhütungsmittel

Kleidung

O Badeklamotten
O Gürtel
O Hosen kurz / lang
O Mütze / Cap / Hut
O Pullover
O Regenjacke
O Schlafanzug
O Socken
O Sonnenbrille
O Sportklamotten / Jogginghose
O T-Shirts
O Unterwäsche

Medikamente

O Blasenpflaster
O Anti-Durchfalltabletten
O Erste-Hilfe-Set

O Fiebertabletten

O Fiebertabletten

O Mückenschutz

O sonstige Medikamente

O Pflaster

O Kopfschmerztabletten

Unterlagen & Papiere

O ADAC Unterlagen

O Adresslisten für Postkarten

O Krankversicherungsnachweis

O Stadtplan

O Führerschein

O Unterlagen für die Unterkunft

O Wasserdichte Hülle für Reiseunterlagen

O Impfausweis

O Mietwagenunterlagen

O Personalausweis

O Reisepass

O Reisetagebuch

O evtl. Studentenausweis

O evtl. Visum
O Zug- / Bahn- / Flugticket

Taschen & Rucksäcke

O Koffer / Trolley / Reisetasche
O Regenhülle für Rucksack
O Rucksack

Schuhe

O Badeschlappen / Hausschuhe
O Schuhe und Wechselschuhe

Sonstiges

O Brille / Kontaktlinsen und Etui
O Buch zum Lesen
O Ohrenstöpsel und Schlafmaske
O Regenschirm
O Reisedecke
O Wasserflasche
O Wörterbuch

Elektronik

O Digitalkamera
O Handy
O Ladekabel
O Kopfhörer
O evtl. Steckdosenadapter
O Power-Bank

Herstellung und Verlag:

BoD – Books on Demand, Norderstedt

ISBN: 9783752869781

1. Auflage

Kontakt: Psiana eCom UG/ Berumer Str. 44/ 26844 Jemgum

Covergestaltung: Fenna Larsson

Coverfoto: depositphotos.com